(x − μ)²
2σ²
5
6

DAS
WAR DIE
MARK

1
DEUTSCHE
MARK

Volker Kitz

Das war die Mark

Ein Erinnerungsbuch zum Sammeln und Aufbewahren

Eichborn.

3 4 02 01

Umschlaggestaltung: Moni Port unter Verwendung
der 100-DM-Banknote der Deutschen Bundesbank
Lektorat: Oliver Thomas Domzalski
Satz und Layout: Oliver Schmitt
Druck und Bindung: Imago Publishing Ltd.
Gedruckt in China
ISBN 3-8218-3729-2

Verlagsverzeichnis schickt gern:
Eichborn Verlag, Kaiserstr. 66, D - 60329 Frankfurt am Main
www.eichborn.de

Inhalt

2002 Der Stichtag

1. Januar 2002, 0.01 Uhr. Die Banken haben geschlossen. Menschentrauben drängen sich vor den Geldautomaten. »Bitte entnehmen Sie Ihre Karte«, fordert der kleine Bildschirm wie immer auf. Dann schiebt sich das neue Geld aus dem Schlitz. Die Scheine sehen anders aus, fühlen sich anders an. Man muß erst nach Zahlen suchen, nachzählen. Die Werte lauten nicht mehr auf Deutsche Mark. Die D-Mark hat ihren letzten Atemzug getan, ist verpufft wie das Silvesterfeuerwerk. Die Neujahrszeitung am Kiosk bezahlen die meisten schon in Euro. Ein Kapitel deutscher Geschichte hat sich vollendet.

In der Silvesternacht wimmelt es auf den Straßen von gepanzerten Lastwagen. Immer noch nicht ist der gesamte Euro-Bestand an die Banken, Firmen und Geschäfte verteilt: mehr als 15 Milliarden neue Münzen und 2,5 Milliarden druckfrische Scheine allein in Deutschland. Würde man alle neuen Banknoten aus dem Euroland übereinander stapeln, so überragten sie den Mount Everest um das Fünfzigfache. Klebte man sie aneinander, so könnte man damit nicht nur eine papierene Brücke von der Erde bis zum Mond bauen, sondern gleich acht. Und in die Gegenrichtung fahren andere Wagen, schwer beladen mit den alten DM-Beständen. Allein 100 000 Tonnen (!) Markstücke müssen eingesammelt werden, ein Gewicht von bald 100 000 Kleinwagen.

Doch einige Münzen sind zurückgeblieben in den Spardosen zu Hause, und einige Scheine sind aufbewahrt worden. So einfach gibt man die letzten Bestände der alten Währung nicht weg. So mancher Deutscher betrachtet beim Neujahrskaffee nachdenklich – vielleicht zum ersten Mal mit voller Aufmerksamkeit? – das Mikroskop auf dem Zweihunderter, den er sich besorgt hat, um ihn aufzubewahren. Oder er denkt ein wenig wehmütig an das wuchtige Lübecker Holstentor, das den alten Fünfziger zierte, der bis 1992 im Umlauf war.

Das möchte man den Kindern und Enkeln doch alles einmal zeigen können.

Dieses Buch gibt dazu den passenden Rahmen. Es schafft die Möglichkeit, das gute alte Geld in würdiger Weise aufzubewahren – in eigens angebrachten Sammeltaschen auf den Umschlagdeckeln. Dazu werden alle jemals im Umlauf gewesenen D-Mark-Scheine und -Münzen in farbigen Abbildungen vorgestellt und besprochen. Außerdem läßt »Das war die Mark« die Geschichte der deutschen Währung noch einmal Revue passieren. Es ist eine farbige Historie, die sich da entfaltet: Die Geschichte eines Weltstars, mit all den strahlenden Höhen und haltlosen Tiefen, die so eine 130jährige Karriere mit sich bringt.

1871 Die Mark wird aus der Taufe gehoben

Deutscher Reichstag, 17.11.1871. Wir befinden uns in der »II. Berathung« zum »Gesetzentwurf betreffend die Ausprägung von Reichs-Goldmünzen«. Es ist die Geburtsstunde der »Mark« als einheitlicher Reichswährung – der Goldmark. Eine Petition fordert, die bisherige 10-Schilling-Münze in »Mark« umzunennen, die 20-Schilling-Münze aber in »Doppelmark« oder in – »Bismark«. Das Protokoll vermerkt Heiterkeit.

Vor der Gründung des Deutschen Reichs 1871 herrschte in Deutschland, nach heutigen Vorstellungen jedenfalls, das blanke Chaos: Entsprechend der politischen Zersplitterung in zahllose Kleinstaaten und Fürstentümer gab es auch unzählige Währungen – vom Taler mit seinen Groschen (oder anderswo: Schillingen), Pfennigen und Hellern bis zum Gulden mit seinen Kreuzern. Die »Mark«, ein Begriff, mit dem wir heute eine silbern glänzende Münze verbinden, war ursprünglich nur die Bezeichnung für eine Gewichts- und Recheneinheit gewesen. Nach diesem Grundgewicht wurden die Silbermünzen hergestellt, und bald nannte man die Münzen selbst »Mark«. Beliebter und verbreiteter waren aber noch die verschiedenen Taler und Gulden, welche die einzelnen Fürsten für ihr jeweiliges Herrschaftsgebiet prägen ließen.

Jetzt, 1871, sollte es für jeden Taler drei Goldmark geben. Noch lange nannte man deshalb einen Preis von drei Mark auch »einen Taler«. Weil die Menschen den alten Silbertaler nicht vergessen konnten, erlebte er 1908 sogar eine Wiedergeburt: als 3-Mark-Stück aus 15 Gramm Silber.

»Auf Heller und Pfennig«

Die alten Währungseinheiten und -verhältnisse schlagen sich teilweise bis heute in unserer Alltagssprache nieder. So verwenden wir – ohne den Taler selbst je gekannt zu haben – bis heute das Sprichwort »Wer den Pfennig nicht ehrt, ist des Talers nicht wert«. Auch der Ausdruck »auf Heller und Pfennig« für eine genaue Abrechnung existiert noch immer. Und der »Sechser« hat sich als Bezeichnung für das 5-Pfennig-Stück in die Umgangssprache späterer Generationen geschlichen, obwohl er ursprünglich, je nach Region, natürlich die Münzen bezeichnete, die das 6fache der kleinsten Münzeinheit verkörperten.

Straßenszene aus dem Kaiserreich: Blick auf die Berliner Prachtstraße »Unter den Linden«, 1907.

1923 Plötzlich war jeder Milliardär

100 Billionen Mark – niemand hätte es für möglich gehalten, daß Anfang 1924 einmal ein solch unvorstellbarer Betrag auf einer einzigen Banknote stehen würde. Schließlich hatte 1871 alles mit harmlosen 100-Mark-Scheinen angefangen. Aber der Erste Weltkrieg hatte dem Reich riesige Schulden hinterlassen. »Gold gab ich für Eisen«, hatte die Bevölkerung sagen müssen, als sie massenhaft Kriegsanleihen zeichnete. Nach dem verlorenen Krieg war das Geld weg – und die Währung war ruiniert.

Der schleichende Währungsverfall – schon zwischen 1920 und 1923 hatten sich die Preise auf das Hundertfache des Vorkriegsniveaus erhöht, und ein Dollar kostete Ende 1922 über 500 Mark – kulminierte 1923 in einer grotesken Inflation, die zum Trauma einer ganzen Generation wurde. Der Staat druckte sich selbst das benötigte Geld. Doch die Reichsbank konnte den Bedarf alleine nicht mehr decken, Privatdruckereien mußten helfen. Im Herbst 1923 ratterten 1723 Pressen Tag und Nacht auf Hochtouren. Irgendwann ging das Papier für die Banknoten aus, und man überdruckte dieselben Scheine einfach mit noch höheren Zahlen. Trotzdem – es war nicht genug. Städte, Gemeinden und Banken gaben »Notgeld« heraus, als Ersatz für richtige Banknoten. Ende 1923 waren 700 Notgeld-Trillionen im Umlauf. Der Dollar stand bei 4,2 Billionen Mark.

Mit Münzen konnte niemand mehr etwas anfangen, ihre Nennwerte waren viel zu winzig. Was 1913 noch eine Mark gekostet hatte, gab es im Herbst 1923 nicht mehr für

Auf dem Höhepunkt der Geldentwertung: Die Reichsbank versuchte durch Überdrucken alter Geldscheine mit der Inflation schritt zu halten. Hier wurde aus einem alten »Tausender« ein 1-Milliarde-Mark-Schein.

weniger als eine Billion. Ein Kilo Butter kostete Ende September 168 Millionen Mark, ein Laib Brot vier Wochen später 580 Milliarden. Arbeiter lieferten sich ein Wettrennen mit dem Schrecken der Inflation: Morgens verlangten sie ihren Lohn und

Hexensabbat

Sebastian Haffner schildert in seinen Erinnerungen »Geschichte eines Deutschen« die Folgen der Hyperinflation von 1923 für die deutsche Gesellschaft. Er beschreibt, wie die »Alten und Weltfremden« zu den größten Opfern wurden, während für die »Jungen, Flinken« ein aufregender, selbstvergessener Hexensabbat begann, in dem jeder, der schnell im Erfassen einer neuen Lage war, zu plötzlichem Reichtum kommen konnte: »Der einundzwanzigjährige Bankdirektor trat auf. Der Primaner (…) trug Oscar-Wilde-Schlipse, organisierte Champagnerfeste und unterhielt seinen verlegenen Vater.« Haffner spricht von einem »allgemeinen Karnevalsgeist« und dem »Zusammenbruch aller Lebensregeln« sowie dem »Bankrott von Erfahrung und Alter« und sieht hier einen der Gründe dafür, daß die deutsche Gesellschaft Hitler 10 Jahre später so wenig Widerstand entgegensetzte.

(Nach: Sebastian Haffner, Geschichte eines Deutschen, Stuttgart 2000, S. 54–61)

rannten mit der Lohntüte in die Läden, bevor ihr Geld wieder wertlos war. Vermieter holten ihre Mietzahlungen mit Koffern ab. In den Geschäften rafften die Kunden alles zusammen, ob sie es brauchten oder nicht, denn mit jedem Überlegen wurde das Geld weniger wert. Natürlich zahlten sie ihre eigenen Rechnungen am letztmöglichen Tag – die Summe war dann kaum noch etwas wert.

Alle Sparguthaben und sonstigen Geldanlagen und -forderungen hatten sich in nichts aufgelöst. Am 13.10.1923 beendete die neue Reichsregierung unter Gustav Stresemann den Spuk: Die »Rentenmark« wurde als stabilisierende Zwischenwährung ausgegeben. Erst im August 1924 wurde per Gesetz die Reichsmark eingeführt. Der Wertverfall des Geldes war gestoppt.

Nach der Inflation 19
Zu Briketts gebündelte Geldsche
dienen den Kindern als Spielze

Goldene Zwanziger und Schwarzer Freitag

»Verkaufen, verkaufen!« Die Wall-Street-Händler brüllen sich die Seele aus dem Hals, aber ihre Aufträge gehen im allgemeinen Geschrei unter. Am 25. Oktober 1929 ist es an der New Yorker Börse noch turbulenter als sonst. Alle wollen verkaufen, die Kurse fallen ins Bodenlose. Die Ticker kommen nicht mehr nach, die neuen Tiefstände zu melden. Die amerikanischen Verbraucher, die im Glauben an ewig steigende Kurse massiv in Aktien investiert haben, sind erfüllt von panischer Angst. Geschäftsleute stürzen sich aus den Fenstern der Wolkenkratzer. Die große Depression beginnt; und die USA werden Jahre brauchen, um wieder auf das alte Wohlstandsniveau zu gelangen.

Der Schwarze Freitag stürzt auch Deutschland in eine jahrelange Wirtschaftskrise. Die Exportgeschäfte kommen fast zum Stillstand. Vorbei sind die goldenen Zwanziger, in denen es die Menschen zu einem bescheidenen Wohlstand gebracht haben. Nun verlieren viele wieder ihre Arbeit und landen in Armut und bitterer Not.

Reichskanzler Heinrich Brüning (1930–1932) setzt, so sehen es die meisten Historiker heute, auf das falsche Mittel und spart die Volkswirtschaft kaputt. Sinnfälliger Ausdruck dieser Austeritätspolitik, die auf strengste Ausgabenkürzung setzt und damit nicht nur die soziale Not vergrößert, sondern der Wirtschaft auch die dringend benötigte Konsumnachfrage entzieht, ist die neu eingeführte 4-Pfennig-Münze: Brüning hoffte offenbar, daß sie die Sparsamkeit der

Deutschen fördern könne. Bei jeder Lohnzahlung müssen 2 Reichsmark ausschließlich in 4-Pfennig-Münzen ausbezahlt werden. Reichskanzler Heinrich Brüning hofft, daß die Händler im neuen Preisbewußtsein die Preise senken. Doch das neue Geldstück wird nicht angenommen: »Armer Heinrich« nennen es die Menschen im Spott.

Brünings harter Sanierkurs mag wirtschaftlich zum Ziele führen (er selbst beklagte später, er sei »100 Meter vor dem Ziel gescheitert«) – politisch wirkt er sich verheerend aus und bereitet Adolf Hitler den Boden.

Heinrich Brüning (1885–1970), Reichskanzler von 1930 bis 1932, im Oktober 1931.

Blechgeld und KdF-Wagen

1932 zählt Deutschland sechs Millionen Arbeitslose, die auf der Straße stehen und – anders als Arbeitslose heutzutage – in wirklicher Armut, ja im Elend leben. Diese Situation ebnet den Radikalen von links und rechts den Weg und hilft letztlich mit, Adolf Hitler 1933 an die Macht zu bringen.

Die Nazis betrachten das deutsche Geldwesen stets nur als Werkzeug zur Finanzierung des geplanten Krieges: Bei Kriegsbeginn 1939 werden alle 50-Pfennig- und 1-Mark-Stücke eingezogen. Sie bestehen aus Nickel – und das braucht Hitler für die Kriegsproduktion. Genauso fallen später auch die Kupfermünzen zu 1, 2, 5 und 10 Pfennig Hitlers Kriegsapparat zum Opfer. Er ersetzt sie durch schmucklose Münzen aus Aluminium und Zink.

Mit einer Propagandamaßnahme schöpfen die Nazis die Ersparnisse der Bürger ab, um sie für Rüstungszwecke einzusetzen: Den KdF-Wagen (aus dem nach dem Krieg der »VW Käfer« wird) soll jeder Deutsche nach vier Jahren kaufen können, wenn er wöchentlich 5 Reichsmark anspart. 336000 »Volksgenossen« sparen mit, aber das neuerbaute KdF-Werk in Wolfsburg produziert insgesamt nur 630–650 zivile Wagen. Der Rest des Geldes wird für die Produktion von über 65000 Wehrmachts-Fahrzeugen verbraucht.

Um die Massen nicht durch eine offene Inflation in Unruhe zu versetzen, verhängt Hitler einen Preis- und Lohnstopp. Angebot und Nachfrage bestimmen nicht mehr länger den Markt. Als Deutschland 1945 kapituliert, ist seine Währung abermals am Ende.

Der Traum von der Massenmotorisierung war ein großer Betrug: Titelseite eines Prospekts für den KdF-Wagen, 1939.

Zigaretten sind härter als jede Mark

1945: Der Krieg war vorbei und verloren. Und erneut war die Mark praktisch nichts mehr wert. In den Jahren nach dem Krieg, als die Not, die die Deutschen in den Kriegsjahren über den Kontinent gebracht hatten, mit Hunger und Kälte auf sie selbst zurückschlug, zählen nur Waren. Am besten amerikanische – die sog der Schwarzmarkt gierig auf. Die düsteren Straßenecken und grauen Hinterhöfe standen unter der unerbittlichen Herrschaft der »Camel«-Währung: Für ein paar amerikanische Zigaretten wechselten Streichhölzer, Schuhcreme und gefälschte Lebensmittelkarten ihre ausgemergelten Besitzer – oder auch ein alter, geflickter Fahrradschlauch. Nach einer Münze bückte sich niemand mehr, aber eine Handvoll angerauchter Glimmstengel war der Rohstoff für ein neues Stück des »runden Geldes«. Allein in Hamburg beschlagnahmte die Polizei bei Razzien auf dem Schwarzmarkt mehr als 3 Millionen Zigaretten in einem einzigen Jahr.

März 1948, im westfälischen Münster.
Ein vergilbter Rathausanschlag verspricht:

»2000 RM Belohnung für die Dingfestmachung eines Mörders!«

Daneben prangt in großen Lettern:

»3000 RM für die Wiederbeibringung meines gestohlenen Fahrradschlauches!«

»Ich hatte bisher nie so viel Geld, daß ich es mir leisten konnte, auf dem schwarzen

Markt einzukaufen«, berichtet ein 35jähriger Portier der *Süddeutschen Zeitung* am Vorabend der Währungsreform. »Mein einziger Wunsch wäre, daß die Ersparnisse der Arbeitenden günstiger behandelt würden als die der Schieber.«

Bis dahin war es ausgesprochen ungerecht zugegangen. Die Schieber lebten in Saus und Braus. Ein ehrlicher Arbeiter hätte für ein Pfund Kaffee zu Straßenpreisen zwei bis drei Monate arbeiten müssen. Auf seine Lebensmittelkarte bekam er im Monat nicht mehr als 150 Gramm Fett und 5 Gramm Käse. Die Bezugsscheine für Windeln reichten etwa für jedes dreißigste Neugeborene. Sollte seine Familie überleben, brauchte der Arbeiter mehr – mehr Lebensmittelkarten, mehr Zigaretten, mehr Käse, mehr Windeln. Aber woher nehmen, wenn nicht stehlen? »Organisieren« wurde dieses Leben aus Diebstahl, Tausch und wieder Diebstahl genannt. Es war die Alternative zu Auswanderung und Tod.

Bei den Razzien auf Schwarzmärkten erwischte die Polizei meist die Falschen: nicht die Großschieber, sondern die kleinen Leute, die aus schierer Not ihr letztes Hab und Gut auf diesem Wege gegen Lebensmittel einzutauschen suchten.

1948 Der Tag X

»Die Amerikaner bringen eine neue Mark!« Hinter vorgehaltener Hand, aber wie ein Lauffeuer verbreitete sich dieser Satz im Frühsommer 1948 unter der Bevölkerung. Wer ihn aussprach, hatte ein Glitzern in den Augen, eine Mischung aus Spannung, Hoffnung und Sensationslust. Und am 20. Juni sollte es soweit sein.

An diesem Tag X wollte niemand mehr auf seinen Reichsmark-Scheinen sitzen: Mit vollen Händen warf jeder, der noch etwas davon hatte, sein altes Geld zum Fenster hinaus. »Sie kaufen jeden Plunder«, schrieb *Die Welt* vom 19. Juni 1948. Banken und Sparkassen wurden gestürmt, die Ersparnisse oft restlos abgehoben. Fast jeder ließ sich noch einmal die Haare schneiden, um dann sein Einkaufsnetz mit Obst und Gemüse zu füllen.

Aber die Händler versteckten den Kaffee, die Zigarren, die Wurst und das Obst in den hintersten Ecken und in den dunkelsten Kellern. Schuhmacher, Schneider und Wäschereien versuchten, die Rückgabe der bearbeiteten Stücke noch um ein paar Tage zu verzögern. Sie alle wollten die Ware erst gegen eine Währung herausgeben, die wieder etwas wert war – und jetzt, im Juni 1948, war dieses Ziel greifbar nahe.

Für die wenigen Dinge, die den Weg in die Verkaufsräume fanden, explodierten die Preise noch ein letztes Mal, und die Reichsmark verabschiedete sich mit einem trotzigen Inflationsfeuerwerk: eine Zigarre kostete 60 RM, für ein Pfund Bohnenkaffee wurden 2000 RM über den Ladentisch geschoben.

Frankfurter Rundschau

Schriftleitung u. Verlag der „Frankfurter Rundschau" Frankfurt a. M., Schillerstr. 19, Fernspr. Sammel-Nr.: 40591 (42505, 42606, 42707, 42808, 42909, 43010, 43112, 43215). Telegrammanschrift: Rundschau Frankfurtmain. Postscheckkonto Nr. 226 Frankfurt a. M. — Monatsbezugspreis: RM 2.35, durch Postbezug RM 2.28 zuzügl. —.36 Zustellgebühr; durch Streifband RM 2.05 zuzügl. —.85 Porto. Bestellungen nur beim Verlag. Bei Nichtbelieferung ohne Verschulden des Verlags oder infolge höherer Gewalt besteht kein Entschädigungsanspruch.

Stadt-Ausgabe

Erscheint dreimal wöchentlich: Dienstag, Donnerstag und Samstag. — Anzeigenpreise: für die zehngespaltene Nonpareille-Zeile in der Stadt-Ausgabe (Groß-Frankfurt und Umgebung) RM 2.—; für das übrige Verbreitungsgebiet (Land-Ausgabe) RM 2.—; Gesamtausgabe RM 3.—. Amtliche Anzeigen der Stadt- oder Landausgabe je RM 1.20; Gesamtausgabe RM 2.—. — Die D-Ausgabe (Deutschland-Ausgabe) erscheint in allen Zonen (mit Ausnahme der südlichen Teile von Hessen). Anzeigenpreis für die zehngespaltene Nonpareille-Zeile RM 2.—.

Jahrgang 4, Nummer 73 | Samstag, den 19. Juni 1948 | Einzelpreis: RM 0.20

Neuordnung des Geldwesens hat begonnen

X-Tag: Sonntag, 20. Juni 1948

60 Reichsmark werden im Verhältnis 1:1 in neues Geld umgetauscht — Alle überschießenden Barbeträge sind auf Bank-u. Sparkonten einzuzahlen — Höhe der Geldquote noch nicht endgültig festgelegt — Abwicklung der Geldreform in mehreren Etappen

Die Schwarzhändler hingegen gerieten in Panik: »In Österreich ist das Packl Sacharin von 35 Schilling auf sechs Schilling heruntergerasselt. Mit Zigaretten wird es jetzt schon mieser«, klagt einer von ihnen in der *Süddeutschen Zeitung* vom 5. Juni 1948. Als am 18. Juni die Währungsverordnung über das Radio verkündet wurde, waren die sonst so lebhaft bevölkerten Straßenecken wie leergefegt. Der schwarze Markt erlebte einen schwarzen Freitag. Die Herrscher der Halbwelt begannen sich auf die neue Situation einzustellen: Einer berichtete stolz, er habe je 999 Mark bei zehn verschiedenen Banken eingezahlt für den Fall, daß Kleinsparer bei der Reform bevorzugt würden.

Kurz vor 20 Uhr kam die Gewißheit: Einzelheiten über die Währungsreform wurden im Rundfunk verbreitet. *Die Welt* gab am nächsten Morgen bekannt:

»In der Nacht auf Montag, um 00 Uhr, erhalten die drei Westzonen Deutschlands eine neue Währung. Sie heißt ›Deutsche Mark‹. Gleichzeitig verliert das alte Geld seine Gültigkeit.«

40 Mark für jeden

Sonntag, der 20. Juni 1948, war ein verregneter Tag. Mit unruhigen Händen suchten schon im Morgengrauen Millionen von Menschen die Lebensmittelkarten ihrer Familie zusammen, die als Ausweispapiere dienten. Das Ernährungsamt hatte gewünscht, daß der Umtausch möglichst »für die ganze Familie einschließlich der Untermieter« vorgenommen werden sollte. 60 Deutsche Mark sollte es pro Kopf für 60 Reichsmark geben: »Für eine Familie von vier Personen können also zum Beispiel 240 Mark Altgeld eingezahlt werden«, rechnete *Die Welt* vom 19. Juni vor.

Draußen fuhren polizeilich bewachte Fahrzeuge bei den Ausgabestellen vor. Ihre Ladung: das neue Geld. In den Tagen zuvor waren die Scheine bereits unter strengster Geheimhaltung aus dem Keller der Frankfurter Reichsbank zu den elf Landeszentralbanken gebracht worden.

Fast 6 Milliarden Deutsche Mark mußten nun unter die Massen gebracht werden, das entsprach mehr als 500 Tonnen Banknoten. Ein unvorstellbarer Ansturm wurde für die angegebenen Umtauschzeiten von 8–12 und 13–18 Uhr erwartet. Die Stadtverwaltung München hatte in der Presse die nötigen Vorkehrungen angekündigt, um pro Schalter 1000 Menschen abfertigen zu können.

Wer nicht unter den ersten war, mußte sich in kilometerlange Schlangen einreihen. Niemand ließ seine Bezugsscheine aus den Augen, sie waren die Eintrittskarte in die neue Welt. Viele Sportveranstaltungen wurden abgesagt, damit auch die Sportler ihr Kopfgeld einlösen konnten. Die Nordseebäder, in denen Familien zur Erholung weilten, wurden innerhalb von Stunden zu Geisterbädern. Panikartig strömten die Urlauber in ihre Heimatorte zurück. Ihr Geld war über Nacht wertlos geworden, und das neue gab es nur zu Hause.

Juni 1948 in Hamburg: Wie überall in Deutschland drängen sich
Menschen an den Ausgabeschaltern für die legendären 40 DM »Kopfgel

ANNAHME

Zufall macht arm und reich

Eine grüne Wildlederjacke war die Attraktion in einer Hamburger Boutique. Ständig wurde sie aus dem Fenster genommen, anprobiert und bewundert an diesem Montag, dem 21. Juni 1948. Schüchtern fragten die Frauen nach dem Preis: 400 Mark, und zwar Deutsche Mark, sollte das funkelnde Stück kosten. Sie wurde stets wieder ins Fenster zurückgehängt, denn von seinen 40 Mark Kopfgeld konnte sich das niemand leisten. Doch plötzlich sagte eine Dame resolut: »Ich nehme die Jacke!« Noch bevor die Verkäuferin den Mund wieder schließen konnte, lagen vor ihr vier neue Hundertmarkscheine auf dem Tisch, genauso funkelnd wie die Jacke selbst.

Die Dame, die das Geld so beherzt aus ihrer Tasche gezogen hatte, war die Schauspielerin Inge Meysel. Auch ihr Kopfgeld hätte für die Jacke nicht gereicht, aber ein Zufall war ihr zu Hilfe gekommen: Noch am Freitag hatte sie Hörspiel-Aufnahmen für den Nordwestdeutschen Rundfunk im Hamburg gemacht. Weil die Rundfunkkasse am Abend schon geschlossen war, konnte an diesem Tag die Gage für die 20 Schauspieler nicht mehr ausgezahlt werden. Alle waren erbost, denn sie hätten das Geld gerne noch auf dem Schwarzmarkt ausgegeben, der in seinen letzten Zügen lag. Für die 700 Reichsmark, auf die Inge Meysel an jenem Freitag vergeblich wartete, hätte sie auf der Straße höchstens 10 Zigaretten bekommen.

Am Montag waren die Würfel schon gefallen – die Reichsmark existierte nicht mehr, das Kopfgeld war umgetauscht. Inge Meysel und ihre Kollegen hofften, wenigstens ein Zehntel ihres Reichsmark-Honorars zu Gesicht zu bekommen, als sie frühmorgens an die Kasse eilten. Sie hatten offenbar noch nicht erfahren, daß die Verordnung vorsah: »Löhne und Gehälter sind in der neuen Währung wie bisher zahlbar.« 700 Deutsche Mark nahm Inge Meysel fassungslos entgegen – auf den Überresten des Schwarzmarktes hätte sie dafür weit über 1000 Zigaretten kaufen können. Aber ihr Herz hing an der grünen Wildlederjacke.

Dem Schauspieler Gert Fröbe ging es umgekehrt: Er drehte damals gerade die »Berliner Ballade«, seinen ersten Film, in dem er den Otto Normalverbraucher spielte. Um seine Mutter mit zwei Gänsen überraschen zu können, hatte er sich Ende Mai einen Vorschuß von 3000 Reichsmark geben lassen – verschenktes Geld, wie er wenig später erfahren mußte.

Wer endlich an der Reihe war, schaute fast ein wenig wehmütig, als die Bezugskarte zu letzten Ehren kam: Weil man die Pläne aufgegeben hatte, jedem nach Erhalt seines Kopfgelds eine Tätowierung hinter das Ohr zu stempeln, wurde die Kennzeichnung für den erfolgten Umtausch nun auf die Karte gedruckt.

Alle, die mit den neuen Scheinen wieder auf die Straße traten, waren gleich, jedenfalls für einen kurzen Moment lang: Auch wer die 60 Reichsmark nicht mehr hatte, bekam das Kopfgeld und konnte von vorne anfangen. Übrigens: Weil man sich nicht sicher war, ob die neuen Banknoten reichen würden, konnte an diesem Tag jeder nur 40 DM entgegennehmen. Für die »Restkopfgeldquote« von 20 DM wurde er auf den nächsten Monat vertröstet.

Wie ein Wunder kam die Ware über Nacht

»Am Montagmorgen waren die Auslagen in den Geschäften verwandelt«, schrieb der *Rheinische Merkur* in seiner Ausgabe vom 26. Juni 1948. »Man sah Radios, Photoapparate, Elektrogeräte, Haushaltsgegenstände, Pfeifen aus edelstem Holz und Taschen aus bestem Leder. Kacheln, Aschenbecher und ähnliche ›Kunsthandwerke‹ haben dafür Platz machen müssen und sind mittlerweile in Mülleimern zu finden.«

Viele Waren, die seit Jahren niemand mehr zu Gesicht bekommen hatte, lagen plötzlich zu gewöhnlichen Preisen in den Regalen. Sogar Autos kamen hier und da zum Vorschein. Wer nach Briketts fragte, erntete kein ratloses Kopfschütteln mehr, sondern die freundliche Gegenfrage: »Wie viele brauchen Sie?«

Ungläubig rieben sich viele die Augen. Hatte vorgestern nicht noch der eigene Neffe traurig erklärt, er könne beim besten Willen kein Gemüse mehr schicken, sein Lagerraum sei ratzeputz leergekauft? Was war es dann, das er da plötzlich kistenweise in sein Schaufenster schleppte? Tatsächlich – Gurken, Rettiche, Rüben, alles in feinster Qualität. So ein Lügner!

Die Künstler reagierten schnell und texteten den bekannten Schlager »Wie ein Wunder kam die Liebe über Nacht« flugs um: »Wie ein Wunder kam die Ware über Nacht«, tönte es fortan auf dieselbe Melodie. Die Menschen fühlten sich ins Jahr 1932 zurückversetzt, in dem man abends bei einer Flasche Wein im Berliner »Maxims« sitzen konnte und in denen der Käufer noch Herrscher über den Markt war.

Wer in diesen Tagen auf den Gedanken kam, ein Opernhaus oder ein Theater aufzusuchen, fand sich in gähnender Leere wieder. Die Menschen waren bisher in die Vorstellungen gegangen, weil sie ihr Geld in den Geschäften nicht loswerden konnten. Eine außerordentliche Versammlung des »Verbandes der Theater und verwandten Unternehmungen Bayerns« stellte in einer Resolution fest, daß »die bisher bekannt gewordenen Grundlagen der Währungsreform für die Theater keine Möglichkeit einer weiteren Existenz bieten. Die Weiterführung der Theater ist nur bis Donnerstag, 24. Juni, unter außerordentlichen Opfern und in der Erwartung auf schnellste Hilfeleistung möglich.«

Plötzlich ist alles wieder da außer Geld. Erstaun Deutsche vor einem woh gefüllten Schaufenst

Friedrich Hahn

Die Ersparnisse sind verloren

Oktober 1948, in einer Sparkasse in Essen: Ein Rentner eilt aufgeregt von Schalter zu Schalter, legt sein Sparbuch vor, zeigt immer wieder auf die Zahlen, redet wild auf die Kassierer ein. Als er alle Schalterbeamten durchhat, geht er langsam in die Ecke des Kassenraums. Still schaut er auf das zerknitterte Heft in seiner Hand, etwa ein, zwei Minuten lang. Dann beginnt er hemmungslos zu weinen. Noch vor vier Monaten war er voll freudiger Erwartung gewesen – damals im Juni, als er nach stundenlangem Warten endlich an der Ausgabestelle stand und sein Kopfgeld vorgezählt bekam. »Haben Sie Sparguthaben?« hatte ihn der Mann gefragt, der die neuen Scheine ausgab. »Ja«, hatte er schüchtern genickt. 1185 Reichsmark waren damals auf seinem Konto – angespart mit monatlichen Raten, über viele Jahrzehnte hinweg. Wie alle anderen sollte er zum Umtausch seines Sparkontos Anmeldebögen ausfüllen. Für 100 Reichsmark, so versprach man ihm, würde er je 10 neue Deutsche Mark bekommen. Von ihnen waren damals jeweils 5 Mark auf ein Freikonto übertragen worden und konnten abgehoben werden. Über die andere Hälfte werde später entschieden, hieß es. Sie lag so lange auf einem Sperrkonto fest. Jetzt, im Oktober, hier in der Sparkasse die bittere Enttäuschung: Die Umtauschquote war nachträglich verschlechtert worden, so daß es für 100 Reichsmark nur noch DM 6,50 gab.

»Es läßt sich nicht schildern, was an den Schaltern vorgeht«, vermerkte die Sparkasse Wetzlar. »Man kann es nicht schildern, welche Enttäuschung auf den Gesichtern der alten Sparer sich abzeichnet, wenn der Schalterbeamte die Mitteilung machen muß, daß von dem Spargeld nichts oder doch nur wenige Mark übriggeblieben sind. Wie oft müssen wir sehen, daß die Sparer die Tatsache des Verbrauchtseins ihrer Sparguthaben einfach nicht begreifen können.« Einige ließen ihrer Wut freien Lauf und schimpften laut auf die Bankangestellten ein.

Ein nur schwacher Trost war es, daß auch die Schwarzhändler ihr Geld aus dunklen Geschäften verloren. Bei einer Anmeldung von mehr als 5000 Reichsmark verlangten die strengen Behörden eine Unbedenklichkeitsbescheinigung vom Finanzamt. Aus Angst vor den Kontrollen verbrannten viele Schwarzhändler ihre gesamten Reichsmarkbestände. Auf diese Weise verpufften 2,5 Milliarden Reichsmark in Rauch und Asche; weitere 35 Milliarden wurden bei den Umtauschstellen und in den Banken aus dem Verkehr gezogen.

Für viele war ihr gesamtes Hab und Gut zum zweiten Mal verloren. Eine jetzt 83jährige Witwe hatte 1920 alles verkauft und ihr Geld auf einem Sparkonto angelegt. Nach zwei Inflationen war ihr jetzt, im Oktober 1948, praktisch nichts mehr davon geblieben. Inflation, Krieg und Hitler-Reich hatten das Ersparte von Millionen von Menschen verschlungen.

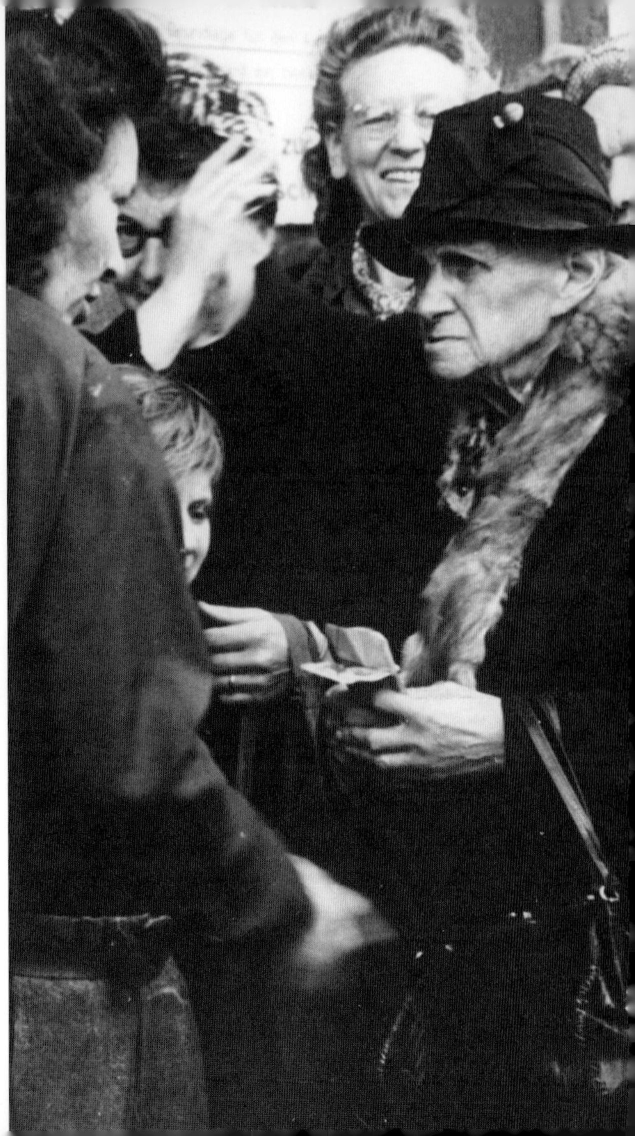

Die Währungsreform sorgte nicht nur für Freude, sondern auch für Verunsicherung. Alte Frau in Berlin, 1948.

Das war die Deutsche Mark

1948: Die Banknoten der Währungsreform

Die Herstellung der ersten DM-Banknoten wurde überwacht vom amerikanischen Treasury Department. Die Währungsunion war in den ersten Monaten des Jahres 1948 unter strengster Geheimhaltung im nordhessischen Rothwestern vorbereitet worden. Der Codename lautete: »Operation Bird Dog«. Die Einzelheiten werden von den Amerikanern allerdings bis heute unter Verschluß gehalten.

Die Banknoten der Währungsreform, die 1948 in Umlauf gesetzt wurden und überwiegend bis Mitte der 60er Jahre im Umlauf blieben, wiesen weder Wasserzeichen noch Sicherheitsfaden auf. Als Fälschungsschutz hatte man nur kleine bunte Plättchen eingearbeitet. Und die Scheine wiesen eine noch nie dagewesene Besonderheit auf: Einen Hinweis darauf, wer die Scheine ausgegeben hatte, suchte man vergebens. Die Amerikaner wollten zwar die Fäden in der Hand behalten, aber nicht offiziell für das Geld verantwortlich sein.

Viel nutzte diese »Tarnung« allerdings nicht: Die Noten hatten nämlich teilweise eine verblüffende Ähnlichkeit mit amerikanischen Dollarscheinen. Die zwei kleinsten Scheine besaßen nicht einmal Bilder, sondern nur das dem Dollar ähnliche Hintergrundmuster. Weil alles so schnell gehen mußte, hatten sich die Amerikaner nicht mehr die Zeit genommen, völlig neue Notenbilder zu entwerfen. Sie setzten vielmehr einfach Druckvorlagen ihrer eigenen Dollarnoten ein.

Die neuen Scheine wurden im Juni 1948 in folgenden Stückelungen und Mengen ausgegeben:

Wert	Erstausgabe/Stück	Sonstiges	Im Umlauf bis ...
1/2 DM	59.500.000		1950
1 DM	245.000.000		1957
2 DM	73.360.000		1957
5 DM	128.800.000	1950 verändert	1950/1967
10 DM	47.000.000	1951 weitere Scheine ausgegeben	1967
20 DM	133.150.000	In zwei Varianten; 1952 weitere Scheine ausgegeben	1949/1964/1967
50 DM	62.000.000	1951 weitere Scheine ausgegeben	1962/1966
100 DM	12.100.000		1956/1966

500- und 1000-DM-Scheine gab es erst ab Mitte der 60er Jahre.

Die Zwanziger gab es jeweils in zwei Ausgaben (grün und blau), ebenso die Fünfziger (violett und graugrün). Am seltensten ist der graugrüne Fünfziger, denn er war nur für kurze Zeit im Umlauf. Im August 1949 wurde er schon wieder aus dem Verkehr gezogen: Die Verwechslungsgefahr mit der grünen 20-Mark-Note war zu groß.

Die Banknoten von 1948 sind heute offiziell wertlos. Trotzdem tauscht die Deutsche Bundesbank sie noch zum Nennwert um. Wer allerdings heute noch im Besitz eines der erwähnten graugrünen 50-Mark-Scheines ist, stößt nicht so ohne weiteres auf diese Großzügigkeit: Weil dieser Schein damals so oft gefälscht worden ist, überprüft die Hauptkasse der Deutschen Bundesbank jeden einzelnen Schein ganz genau.

Kleingeld wird knapp

Die Währungsreform brachte nicht gleich am Stichtag neue Münzen. Erlaubt war statt dessen die Benutzung der alten Münzen und Kleinstbanknoten – allerdings nur zu einem Zehntel ihres Nennwertes. Gesetzliches Zahlungsmittel waren also auch nach dem Tag X die Marknoten der Alliierten Militärbehörde zu 1 und ½ Mark, die Rentenbankscheine zu 1 Rentenmark sowie Münzen zu 50, 10, 5 und 1 Reichs- oder Rentenpfennig. Weil man jedoch für denselben Betrag plötzlich zehnmal so viele Münzen wie früher benötigte, reichten die alten natürlich nicht aus. Außerdem war das im Umlauf befindliche Kleingeld schon in den Jahren bis 1948 immer knapper geworden. Die Menschen hielten oft an allen Münzen fest, die sie in die Hände bekamen, und horteten sie zu Hause in privaten Sammelbehältern. Sie hatten gehört, das Münzgeld solle bei einer möglichen Währungsreform bevorzugt behandelt werden. Dies sollte sich später zwar als ein Gerücht herausstellen, konnte aber das Verschwinden der kleinen Nennwerte aus dem Geldverkehr nicht aufhalten.

Die Bank deutscher Länder, am 1. März 1948 gegründet, mußte handeln. Sie gab Papiergeld zu Nennwerten von 5 und 10 Pfennig aus. Weil die Zeit drängte, wurden die ersten Scheine an vier verschiedenen Orten gleichzeitig gedruckt. Insgesamt kamen fast 800 Millionen Scheine in Umlauf. Erst als 1950 wirkliche Münzen geprägt waren, verloren die Kleingeldscheine ihre Gültigkeit.

1961–1992: Albrecht Dürer und das Holstentor

Als man Anfang der 60er Jahre die ersten Banknoten der Bundesrepublik Deutschland herstellte, war man sich darüber einig, auf keinen Fall Personen der Zeitgeschichte abzubilden. Man wollte keine weltanschaulichen Gefühle verletzen und die wenig ruhmreiche, jüngere Geschichte der Deutschen nicht in den Vordergrund spielen. Deshalb entstanden Scheine mit Köpfen aus alten Porträtgemälden mit recht unspektakulären Namen wie »Junge Venezianerin« (5 DM) oder »Bildnis eines bartlosen Mannes« (500 DM). In manchen Fällen weiß man nicht einmal, wer sie eigentlich gemalt hat – immerhin drei Gemälde wurden oder werden Albrecht Dürer zugeschrieben.

Die Rückseiten wurden mit baugeschichtlichen Denkmälern – wie zum Beispiel dem legendären Lübecker Holstentor auf dem Fünfziger – oder mit anderen gegenständlichen Motiven bedruckt.

Diese Notenserie der Deutschen Bundesbank, auch BBk I und I A genannt, blieb bis 1991 in Umlauf. Seit 1.7.1995 sind die Scheine kein gültiges Zahlungsmittel mehr, auch wenn man sie bei der Deutschen Bundesbank weiterhin zum vollen Nennwert eintauschen kann.

Die Banknoten der Deutschen Bundesbank aus den 60er Jahren haben eine einheitliche Struktur:

Auf der Vorderseite findet sich jeweils rechts ein Porträt; links davon die Bezeichnung »Banknote« und darunter der Wert in Worten. Darunter steht innerhalb eines Zierstücks die große, helle Wertzahl, rechts und links flankiert vom »DM«-Zeichen. Darunter folgen der Name »Deutsche Bundesbank«, die faksimilierte Unterschrift des Präsidenten und des Vizepräsidenten sowie der Ausgabeort Frankfurt am Main und das Ausgabedatum. Im bildfreien Randstreifen oben und im Porträt unten steht die rotgedruckte Notennummer mit Kenn- und Serienbuchstaben; bei den 500ern und 1000ern findet sich die Nummer zusätzlich auf der Rückseite.

Auf der Rückseite findet sich links vom Hauptmotiv stets eine Rosette mit der hellen Wertzahl; darüber (beim Hunderter: darunter) die Wertangabe in Worten. Rechts vom Bildmotiv prangt in einem Siegel der Bundesadler mit der Umschrift »DEUTSCHE BUNDESBANK«. Im bildfreien Teil, der das Wasserzeichen mit dem Porträtmotiv der Vorderseite trägt, steht oben der Straftext »Wer Banknoten nachmacht oder verfälscht oder nachgemachte oder verfälschte sich verschafft und in Verkehr bringt, wird mit Freiheitsstrafe nicht unter zwei Jahren bestraft.«

Auf Vorder- und Rückseite finden sich in allen vier Ecken schräg stehend die Wertangaben als Zahl. Alle Scheine weisen im bildfreien Teil als Wasserzeichen das Porträt in umgekehrter Blickrichtung auf. Neben dem Wasserzeichen, bereits im Bildteil, findet sich der ins Papier eingebettete Sicherheitsfaden, der als Verdickung ertastbar und gegen das Licht als dunkler Strich sichtbar ist.

5-DM-Banknote, Erstausgabe 6.5.1963, Format 60 x 120 mm.
Die Vorderseite zeigt eine »junge Venezianerin« aus einem Gemälde von Albrecht Dürer (Original im Kunsthistorischen Museum Wien). Die Rückseite zeigt einen Zweig mit Eichenblättern und Eicheln als Symbol der deutschen Natur.

10-DM-Banknote, Erstausgabe 21.10.1963, Format 65 x 130 mm.
Die Vorderseite zeigt das »Bildnis eines jungen Mannes« aus dem 16. Jahrhundert, möglicherweise von Albrecht Dürer (Original im Besitz der Prinzessin von Hessen und bei Rhein). Die Rückseite zeigt eine Bark des »Gorch-Fock«-Typs, um die deutsche Weltoffenheit zu symbolisieren.

20-DM-Banknote, Erstausgabe 10.2.1961, Format 70 x 140 mm.
Die Vorderseite zeigt die Nürnberger Patrizier- und Kaufmannsfrau Elsbeth Tucher nach einem Gemälde von Albrecht Dürer (Original in den Staatlichen Kunstsammlungen Kassel). Die Rückseite zeigt eine Geige mit Bogen sowie eine Klarinette als Symbol der deutschen Musik.

50-DM-Banknote, Erstausgabe 18.6.1962, Format 75 x 150 mm. Die Vorderseite zeigt einen Ausschnitt aus dem Gemälde »Mann mit Kind« von einem unbekannten schwäbischen Meister, um 1525 (Original im Städelschen Kunstinstitut, Frankfurt). Die Rückseite zeigt ein Symbol des deutschen Bürgerstolzes, das Holstentor in Lübeck.

100-DM-Banknote, Erstausgabe 26.2.1962, Format 80 x 160 mm.
Die Vorderseite zeigt den Kosmographen Sebastian Münster nach einem Gemälde von Christoph Amberger (Original in der Stiftung Preußischer Kulturbesitz, Berlin). Auf der Rückseite ein Adler mit ausgebreiteten Schwingen als Symbol des deutschen Staatsbewußtseins.

500-DM-Banknote, Erstausgabe 26.4.1965, Format 85 x 170 mm.
Die Vorderseite zeigt das »Bildnis eines bartlosen Mannes« von Hans Maler von Schwaz (Original im Kunsthistorischen Museum Wien). Die Rückseite zeigt die Burg Eltz als Verkörperung der deutschen Ritterlichkeit.

1000-DM-Banknote, Erstausgabe 27.7.1964, Format 90 x 180 mm.
Die Vorderseite zeigt vermutlich den Magdeburger Theologen Dr. Johannes Scheyring nach einem Gemälde von Lucas Cranach d. Ä. (Original in den Königlich-Belgischen Museen der Schönen Künste in Brüssel). Die Rückseite zeigt ein herausragendes Beispiel romanischer Baukunst in Deutschland, den Limburger Dom.

1990–2001: Clara Schumann und die Gebrüder Grimm

Zwischen 1990 und 1992 wurden die alten DM-Banknoten sukzessive durch neue ersetzt. Die Ostdeutschen, die sich gerade erst an den täglichen Umgang mit der D-Mark gewöhnt hatten, mußten sich also gleich wieder umstellen. Sozusagen als »Begrüßungsgeld« für die neuen Mitbürger gab es den neuen 100-DM-Schein pünktlich zur staatlichen Vereinigung, nämlich am 1.10.1990.

Die Grundfarben der neuen Scheine blieben annähernd im Rahmen des bereits Gewohnten – schließlich ging es nicht darum, die Bürger zu schikanieren, sondern eher darum, den Fälschern das Handwerk zu legen. Die Farbgebung war nun so ausgefeilt, daß auch die besten Farbkopierer – diese technische Errungenschaft hatte es ja Anfang der 60er noch nicht gegeben – sie nicht mehr abbilden können. Außerdem tragen die neuen Scheine die gewohnten Sicherheitsfäden, verbesserte Wasserzeichen und ein sogenanntes Kinegram® (s. u.). Wie auch schon die alten Scheine bestehen auch die neuen zum Teil aus magnetisierten Farbpigmenten – als Hilfe für die Automaten.

Was die Gestaltung anging, dachte man 1990 ganz anders als Anfang der 60er. Auf der neuen Serie, BBk III und IIIa, sollten Persönlichkeiten der deutschen Geistesgeschichte abgebildet werden.

Erst nachträglich wurde übrigens beschlossen, auch weiterhin einen 5-Mark-Schein herzustellen – er hatte eigentlich aussterben sollen. Ihn konnte aus »Quotengründen« nur eine Frau zieren, denn bis dahin gab es auf den neuen Scheinen vier bzw. sogar fünf Männer und nur drei Frauen. Die Entscheidung fiel auf die Schriftstellerin Bettina von Arnim.

Die bis Februar 2002 gültigen Banknoten der Deutschen Bundesbank ähneln ihren Vorgängern in Farbe, Struktur und Größe sehr weitgehend, unterscheiden sich aber in einigen Details:

Auf der Vorderseite finden sich jetzt neben den gewohnten Porträts im Hintergrund zusätzlich Abbildungen historischer

Gebäude aus den Orten, in denen die abgebildeten Persönlichkeiten lebten und wirkten, sowie im Vordergrund ein feinstrichiges Motiv, das ebenfalls im Zusammenhang mit der abgebildeten Person der Zeitgeschichte steht. Um dafür Platz zu schaffen, stehen die

Die Deutsche Bundesbank

»Nicht alle Deutschen glauben an Gott, aber alle glauben an die Bundesbank!« Mit diesem Ausspruch hat der ehemalige EU-Kommissionspräsident Jacques Delors den Mythos Bundesbank treffsicher umrissen. Tatsächlich wurde die Deutsche Bundesbank von den meisten Bürgern stets als ein starker, unverrückbarer Fels in der Brandung empfunden – vor allem bis zur Gründung der Europäischen Zentralbank. Dabei war die Bundesbank das Ergebnis einer zähen Geburt: »Der Bund errichtet eine Währungs- und Notenbank als Bundesbank«, bestimmt Artikel 88 des am 23. Mai 1949 verkündeten Grundgesetzes. Acht Jahre lang stritten sich die Politiker darüber, ob sie – wegen des Wortlauts der Vorschrift – nur eine zentrale Bank zu gründen hatten oder ob sie ein dezentrales Bankensystem schaffen sollten. Zu tief saßen die Erfahrungen mit gefährlichen Machtkonzentrationen an zentraler Stelle. Sie einigten sich schließlich auf den goldenen Mittelweg: Die Deutsche Bundesbank wurde als Einheitsbank gegründet, aber in Landeszentralbanken (unselbständige Hauptverwaltungen) untergliedert. Als dieser Kompromiß zustande kam, schrieb man schon das Jahr 1957 – so spät erst wurde die Bank deutscher Länder von der neuen Bundesbank abgelöst.

§ 12 des Gesetzes über die Deutsche Bundesbank garantierte ihr einen unangreifbaren Status: »Die Deutsche Bundesbank ist bei der Ausübung der Befugnisse, die ihr nach diesem Gesetz zustehen, von Weisungen der Bundesregierung unabhängig.« Zwar durften Regierungsmitglieder an den Sitzungen teilnehmen, hatten aber – manchmal zu ihrem Leidwesen – keinen Einfluß auf Abstimmungsergebnisse. Die Deutsche Bundesbank war zuständig für die Geldmengensteuerung und verfolgte dabei stets vor allem das »Ziel (…), die Preisstabilität zu gewährleisten« (§ 3 des Gesetzes über die Deutsche Bundesbank).

Den Deutschen liegt diese Stabilität ganz besonders am Herzen – verständlich, nach ihren traumatischen Erfahrungen mit der Inflation. Ludwig Erhard wollte gleichbleibende Preise gar als »menschliches Grundrecht« verstanden wissen.

Die Präsidenten der Deutschen Bundesbank waren:

- Karl Bernard/Wilhelm Vocke (kommissarisch 1957)
- Karl Blessing (1958–1969)
- Karl Klasen (1970–1977)
- Otmar Emminger (1977–1979)
- Karl Otto Pöhl (1980–1991)
- Hartmut Schlesinger (1991–1993)
- Hans Tietmeyer (1991–1999)
- Ernst Welteke (seit 1999)

Ausgabebezeichnung »Deutsche Bank« sowie das Wort »Banknote« nunmehr senkrecht und nicht mehr waagerecht. Die Wertzahl steht nicht mehr aufgehellt in einem Zierstück, sondern ist in der Farbgebung der restlichen Banknote gehalten. Der Sicherheitsfaden ist auf Silber-Spezialpapier mit den Nennwerten beschriftet und mit dem Geldschein »verwoben«. Die Ausgabebezeichnung »Deutsche Bundesbank«, die faksimilierte Unterschrift des Präsidenten und des Vizepräsidenten sowie der Ausgabeort Frankfurt am Main und das Ausgabedatum finden sich jetzt im bildfreien Randstreifen.

Auch die Rückseite ist reichhaltiger gestaltet als bei den Vorgängern. Neben einem oder sogar zwei gegenständlichen Motiven, die wiederum im Zusammenhang mit der abgebildeten Persönlichkeit stehen, weist der bildfreie Streifen ein weiteres, stilisiertes Motiv auf, das in abstrakter Form an das Wirken des/der Porträtierten erinnert, wie z.B. der Äskulapstab auf dem 200-DM-Schein, der den Mediziner Paul Ehrlich zeigt. Das Adlerwappen ist von rechts nach links gewandert. Den Straftext, der Fälscher auf die Folgen ihres Tuns hinweist, setzen die Bundesbanker mittlerweile offenbar als bekannt voraus – er ist entfallen.

Die 500- und die 1000-DM-Note weisen einen weiteren Effekt auf, der die Fälschung erschweren soll: Die untere Hälfte der großen Wertzahl auf der Vorderseite wechselt ihre Farbe zwischen Gold und Grün, wenn der Schein gekippt wird. Dieses sogenannte Kinegram® ist eine Entwicklung der Firma Landis & Gyr Communications AG und arbeitet mit einer Spezialfolie, die je nach Betrachtungswinkel unterschiedliche Bilder zeigt.

5-DM-Banknote, Erstausgabe 27.10.1992, Format 62 x 122 mm.
Die Vorderseite zeigt die Schriftstellerin Bettina von Arnim (1785–1859) und im Hintergrund eine Teilansicht des Gutes Wiepersdorf sowie historische Berliner Gebäude. Die Rückseite zeigt das Brandenburger Tor in Berlin.

10-DM-Banknote, Erstausgabe 16.4.1991, Format 65 x 130 mm.
Die Vorderseite zeigt den Mathematiker und Astronomen Carl Friedrich Gauß (1777–1855) sowie historische Gebäude Göttingens. Auf der Rückseite ein Sextant, wie ihn Gauß für seine Forschungen verwendete.

20-DM-Banknote, Erstausgabe 30.3.1992, Format 68 x 138 mm.
Die Vorderseite zeigt die Dichterin Annette von Droste-Hülshoff (1797–1848) sowie historische Gebäude ihrer Heimatstadt Meersburg. Auf der Rückseite eine Schreibfeder und – als Anspielung auf ihre Novelle »Die Judenbuche« – eine Buche.

50-DM-Banknote, Erstausgabe 30.9.1991, Format 71 x 146 mm.
Die Vorderseite zeigt den barocken Baumeister Balthasar Neumann (1687–1753) sowie historische Gebäude Würzburgs. Auf der Rückseite zwei seiner Werke: Das Treppenhaus der Würzburger Erzbischofs-Residenz und der Längsschnitt der Kirche der Benediktinerabtei Neresheim.

100-DM-Banknote, Erstausgabe 1.10.1990,
Format 74 x 154 mm.
Die Vorderseite zeigt die Pianistin und Komponistin Clara Schumann (1819–1896) sowie historische Gebäude Leipzigs. Auf der Rückseite ein Konzertflügel und das Hoch'sche Konservatorium in Frankfurt am Main, die langjährige Wirkungsstätte Clara Schumanns.

200-DM-Banknote, Erstausgabe 1.10.1990, Format 77 x 162 mm.
Die Vorderseite zeigt den Mediziner und Serologen Paul Ehrlich (1854–1915) sowie historische Gebäude Frankfurts am Main. Auf der Rückseite ein Mikroskop, wie es Ehrlich für seine Forschungen verwendete.

500-DM-Banknote, Erstausgabe 27.10.1992, Format 80 x 170 mm.
Die Vorderseite zeigt die Malerin und Naturforscherin Maria Sibylla Merian (1647–1717) sowie historische Gebäude Nürnbergs. Auf der Rückseite in Würdigung ihrer Naturforschungen ein Löwenzahn, auf dem Raupe und Falter des »Grauen Streckfußes« sitzen.

1000-DM-Banknote, Erstausgabe 27.10.1992, Format 83 x 178 mm.
Die Vorderseite zeigt die Sprachwissenschaftler und Märchensammler Jacob (1785–1859) und Wilhelm Grimm (1786–1863) sowie historische Gebäude Kassels. Auf der Rückseite das berühmte »Grimm'sche Wörterbuch« sowie die Königliche Bibliothek in Berlin.

Die D-Mark-Münzen

»Die Rechnungseinheit bildet die Deutsche Mark, die in hundert Deutsche Pfennig eingeteilt ist«, hieß es im Ersten Gesetz zur Neuordnung des deutschen Geldwesens vom 19. Juni 1948. Damit war die Währungsreform nicht nur die Geburtsstunde der D-Mark, sondern auch die des Deutschen Pfennigs. Vorläufig ersetzte eine alte 10-Pfennig-Münze noch das Einpfennigstück, denn neue Münzen gab es ja noch nicht.

Anfang 1949 wurde das Einpfennigstück als erste Münze der neuen Währung in Verkehr gebracht. Als einziges Geldzeichen der Währungsreform ist es bis heute im Umlauf. 5-, 10-, 50-Pfennig- und 1-Mark-Stücke kamen erst innerhalb der folgenden zwei Jahre hinzu; 2-DM- und 5-DM-Stücke noch später. Derzeit kursieren 48 Milliarden (!) Münzen in Deutschland. Sie werden in fünf Prägestätten hergestellt, die durch einen

Kennbuchstaben auf der Münze unterschieden werden: A steht für Berlin, D für München, F für Stuttgart, G für Karlsruhe und J für Hamburg.

Das Einpfennigstück

Das Einpfennigstück besteht aus einem mit Kupfer beschichteten Stahlkern. Ganz demonstrativ sollte es mit seinem Glanz die alten, schmutzig wirkenden Pfennigmünzen aus dem Kriegsmaterial Zink ablösen. Sein Aussehen hat es bis heute behalten, abgesehen davon, daß die Umschrift nicht mehr »Bank deutscher Länder« lautet, sondern »Bundesrepublik Deutschland«. Das Motiv des aufrechtstehenden fünfblättrigen Eichenzweigs hat der Frankfurter Künstler Adolf Jäger entworfen.

Oft wurde über die Abschaffung der kleinen Münze nachgedacht. Sie blähte nur das Portemonnaie auf, und ihre Material- und Herstellungskosten waren weit höher als ihr Nennwert. Retter des Pfennigstücks war stets die Lobby der Geschäftsleute: Welchen Preis sollten Aldi-Produkte auch haben, wenn der Pfennig wegfiel? Etwa 2 Mark statt 1,99 Mark? Unvorstellbar!

Ein Großteil der Pfennige verschwand aber in Sammelbüchsen. Traditionell sollten bei der Hochzeit die Brautschuhe mit den gehorteten Pfennigen bezahlt werden. Denn nach wie vor sind sich alt und jung in einer Sache sicher – das Einpfennigstück bringt Glück!

Das 1-Mark-Stück

Das Symbol der Deutschen Mark schlechthin ist das »Markstück«, die Münze zum Nennwert »1 Deutsche Mark«. Geboren am 8. September 1950, erstrahlte das Prachtexemplar der Währung am 50. Jubiläum der Deutschen Mark im selben Glanz wie an seinem ersten Tag. Es ist die einzige DM-Münze, die sich seit ihrer Erstausgabe in keiner Hinsicht verändert hat: Noch heute besteht sie aus drei Vierteln Kupfer und einem Viertel Nickel, die damals gewählte Zusammensetzung hat sich bewährt. Wenn der Mark am 31. Dezember 2001 die letzte Stunde schlägt, dann hat uns mehr als 51 Jahre lang derselbe Adler vom Rücken des Markstücks entgegengeschaut.

Gedenkmünzen

»Das ist kein Geld, das kann ich nicht annehmen!« Empört, aber selten sind diese Ausrufe von Kassiererinnen an Supermarktkassen, wenn sie eine der Gedenkmünzen der Bundesrepublik Deutschland stirnrunzelnd in der Hand hin und her wenden. Es kommt nämlich nicht allzu oft vor, daß jemand eine solche Münze zum Bezahlen verwendet, die schmucken Stücke haben meist einen zu hohen Sammlerwert. Dabei sind alle Gedenkmünzen auch gesetzliche Zahlungsmittel.
Nachdem es Sondermünzen schon im Kaiserreich und bei Hitler gegeben hatte, wagte die Bundesrepublik 1952 den Anfang: Die 5-Mark-Sonderprägung »100 Jahre Römisch-Germanisches Museum« wurde an die Bankschalter gebracht. Die Bevölkerung beachtete sie kaum. Sie sah damals nicht ein, warum sie kostbare 5 DM für eine Münze zum Anschauen ausgeben sollte.
Die 5-Mark-Gedenkmünzen wurden lange Zeit in Silber geprägt – so auch die Gedenkmünze zum 150. Geburtstag Theodor Fontanes 1969.
Die schon fertig in den Tresoren schlummernde Ausgabe »Otto Hahn« schmolz die Bundesbank allerdings 1979 wieder ein, nachdem Spekulationen den Silberpreis in die Höhe getrieben hatten. Bis zur letzten 5-Mark-Sonderprägung zum Todestag König Friedrichs II. (1986) wurde dann, wie auch für die 5-DM-Münzen, auch für die Gedenkmünzen MAGNIMAT® verwendet.
Als man Geld für die Olympischen Spiele 1972 in München benötigte, boten sich die Sammler als sprudelnde Einnahmequelle an. Flugs wurde ein »Gesetz über die Ausprägung einer Olympiamünze« erlassen, das die Ausgabe von 10-Mark-Gedenkmünzen erlaubte. Weil die Herstellungskosten weit unter diesem Ausgabepreis lagen, machte der Bund einen satten Gewinn, nachdem er fast 8 Millionen Exemplare unter die Bevölkerung gebracht hatte! Ein weiterer Gesetzesentwurf trieb die Geldgier auf die Spitze und forderte sogar die Ausgabe von goldenen 100-Mark-Gedenkmünzen. Erst die Bundesbank verhinderte das Vorhaben.
Die 5-Mark-Gedenkmünzen wurden 1987 von 10-Mark-Prägungen, beginnend mit »750 Jahre Berlin«, abgelöst. Für sie wurde wieder Silber verwendet. Wer von Anfang an gesammelt hat, kann sich jetzt freuen: Mit dem Ende der D-Mark wird er ein abgeschlossenes Sammelgebiet besitzen!

Das 2-Mark-Stück

In den fünfziger Jahren, als man den Pfennig noch ehrte, weil man mit der Mark nicht so reich gesegnet war, mußten sich viele Menschen manchmal grün und schwarz ärgern: Schon wieder hatten sie aus Versehen ein 2-Mark-Stück hingegeben, obwohl sie nur eine Mark aus ihrem Portemonnaie nehmen wollten. Die große Schwester der Mark, geboren am Valentinstag 1951, sah ihr aber auch verdammt ähnlich! Ihr Durchmesser war genau zwei Millimeter kleiner als der des Markstücks, die Zusammensetzung war dieselbe, und auf der Rückseite beider Münzen prangte exakt der gleiche Adler.

Der Ärger der Menschen fruchtete: 1958 entstanden die ersten 2-Mark-Stücke mit einem größeren Durchmesser. Mit 26,75 mm waren die neuen Stücke nun mehr als drei Millimeter breiter als die Markstücke, deren Durchmesser unverändert 23,5 mm betrug. Außerdem wanderte der Adler beim

2-Mark-Stück von der Schauseite auf die Wertseite. Erstere bekam zunächst das Kopfbild des Physikers Max Planck verpaßt (bis 1971), danach folgten »nur« noch Politiker: Konrad Adenauer und Theodor Heuss (jeweils zum 20. Geburtstag des Grundgesetzes 1968), Kurt Schumacher (30 Jahre Grundgesetz 1978), Ludwig Erhard (40 Jahre Deutsche Mark 1988), Franz Josef Strauß (40 Jahre Bundesrepublik Deutschland 1989) und schließlich Willy Brandt (45 Jahre Bundesrepublik 1994).

Die verschiedenen 2-Mark-Stücke werden bis heute von vielen Sammlern als Gedenkmünzen behandelt und geachtet – gleichberechtigt neben den 5- und 10-Mark-Ausgaben.

Münzen für den Automaten

Was wären Zigarettenautomaten ohne Münzen – jedenfalls, solange die Packung noch unter 10 DM kostet? Natürlich müssen die Automaten prüfen können, ob auch der richtige Betrag eingeworfen wurde. Dabei können sie sich nur an die besonderen Eigenschaften der einzelnen Münzen halten: Gewicht, Größe, Form. Aber das reichte nicht aus. Findige Raucher kamen schnell darauf, daß das belgische 10-Franc-Stück ziemlich genau dieselben Eigenschaften besaß wie das deutsche 2-Mark-Stück. Die Glimmstengel wurden damit ein ganzes Stück billiger!

Ende der fünfziger Jahre kam man den Automaten zu Hilfe: Ab der Konrad-Adenauer-Münze wurde für das 2-Mark-Stück der Stoff MAGNIMAT® verwendet. Er besteht aus einem Nickelkern, der auf beiden Seiten mit einer Kupfernickellegierung beschichtet ist. Das Reinnickel macht die Münzen magnetisch – nicht besonders stark, aber gerade so viel, daß die Technik in den Automaten sie von fremden Geldstücken unterscheiden kann. Von da an waren die Zigaretten wieder teurer.

Das 5-Mark-Stück

Mitte der siebziger Jahre konnte man mit dem alten 5-Mark-Stück (s. u.) ein gutes Geschäft machen. Es bestand seit seiner Einführung am 1. Dezember 1951 zu fast zwei Dritteln aus Silber. Zwar hatte man sich über den verhungert aussehenden Adler lustig gemacht, der die Kopfseite der höchsten D-Mark-Münze schmückte, in Wahrheit war die 10 Gramm schwere Prägung aber ein echtes Schätzchen: Als der Silberpreis auf über fünf US-Dollar pro Feinunze in die Höhe geschossen war, wollte niemand seine 5-Mark-Stücke mehr hergeben. Es lohnte sich mittlerweile, sie einzuschmelzen.

Die Bundesregierung schritt ein: Die neue Münze sollte ab 1975 nicht mehr aus teurem Silber, sondern auch aus MAGNIMAT® hergestellt werden. Der Adler wurde kräftiger, das Material gewöhnlicher. Kein Wunder, daß die Sammler ihre alten Fünfer nicht herausrücken wollten: Etwa die Hälfte der Silbermünzen war Ende 1975 noch im Privatbesitz – und das, obwohl sie schon am 1. August 1975 nicht mehr als offizielles Zahlungsmittel galten.

Das 50-Pfennig-Stück

Die »Camel«-Währung zu Schwarzmarktzeiten – daran fühlten sich große Teile der Bevölkerung erinnert, als sie 1950 das erste 50-Pfennig-Stück in den Händen hielten. In der knienden Frau mit dem Kopftuch wollten sie eine Tabakpflanzerin sehen, dabei sprach die Verkündung im Bundesgesetzblatt ganz harmlos von einem Mädchen, »das ein fünfblättriges, mit vier Wurzelfäden versehenes Eichenreis pflanzt. Eine längere und vier kürzere leicht gekrümmte Linien deuten das Erdreich an.«

Noch heute schauen sich viele jedes 50-Pfennigstück, das sie ergattern können, dreimal an: Nur 30 000 von ihnen tragen die Jahreszahl 1950, herausgegeben von der Bank deutscher Länder. Dies haben wir einem Irrtum der Prägestätte zu verdanken, denn eigentlich sollten die Stücke von der Bank deutscher Länder nur noch mit der Jahreszahl 1949 ausgegeben werden. In der Verkündung hieß es ja ausdrücklich:

»Darunter befindet sich die Jahreszahl 1949.« Damit waren die Fehlprägungen kein offizielles Zahlungsmittel! Um sie zu legalisieren, mußte erst ein eigenes neues Gesetz erlassen werden. Aber das 50-Pfennig-Stück wollte schon immer etwas Besonderes sein: Bis 1972 waren in seinen Rand 126 Kerben eingeriffelt, erst später wurde es außen glatt.

Die kleineren Pfennigmünzen

Die kleineren Münzen mit den Nennwerten 1, 2, 5, und 10 Pfennig ziert sämtlich die gleiche Rückseite, ein fünfblättriger Eichenzweig. Und selbst wenn die Pfennige Ende 2001 ein für alle Mal aus dem Verkehr verschwinden, so lebt auch dann das fünfblättrige Eichenblatt in neuer Form weiter: auf drei der Cent-Münzen der neuen Euro-Währung.

Was Münzen heute wert sein können

Bevor Sie die letzten Münzen des alten Geldes in dieses Buch einlegen und den Rest zur Bank tragen, sollten sie die guten Stücke ganz genau unter die Lupe nehmen – vielleicht verbirgt sich ja ein kleiner Schatz darunter. Einige Münzen sind nur in wenigen Exemplaren in Verkehr gebracht worden. So lieferte ein Rohstoffhändler 1969 der Prägestätte Hamburg (erkennbar am Kennbuchstaben J) versehentlich reines Kupfer für die Produktion der 2-Pfennig-Münzen statt des üblichen kupferplattierten Eisens. Von den versehentlich geprägten reinen Kupfermünzen kamen nur 550 Stück in Umlauf – bei 40 Millionen umlaufenden Münzen dieses Nennwerts muß man also schon erhebliches Glück haben, um eine davon im Sparstrumpf zu finden. Aber wenn man sie findet, wird man von Sammlern mit bis zu 3100,– DM belohnt!

Sammlerpreise für einige Münzen

Nennwert	Merkmal	Jahr	Prägestätte	Sammlerwert/DM	Auflage
2 Pfennig	aus Kupfer, nicht magnetisch	1969	J	3100,–	ca. 550
50 Pfennig	Bank deutscher Länder	1950	G	800–1200,–	30.000
1 Mark		1995	A, D, F, G	200,–	20.000
1 Mark		1995	A	300,–	20.000
2 Mark	Franz Josef Strauß	1995	D, F	180,–	20.000
2 Mark	Ähren	1951	G	150,–	13,1 Mio.
5 Mark	60–70% Silberanteil; Materialwert überstieg ab ca. 1970 den Nennwert; 1975 aus dem Verkehr gezogen	1958	J	1500–2000,–	60.000
5 Mark		1995	A	230,–	20.000
5 Mark		1995	D, F, G, J	200,–	20.000

Quelle: Bild am Sonntag, *1.4.2001*

Leben mit der neuen Währung

»Im Namen des Volkes wird der Angeklagte zu einer Geldstrafe von 1000 Mark verurteilt!« Ein armer Kellner in Norddeutschland traute seinen Ohren nicht, als der Richter das Urteil verkündete. Natürlich hatte er illegal Schnaps verkauft; das wollte er gar nicht bestreiten. Aber das Gericht wendete im Juli 1948 noch unverändert die Strafsätze von vor der Reform an – und die waren unbarmherzig hoch für einen kleinen Gauner mit 40 Mark Kopfgeld in der Tasche. Zum »Glück« konnte die Strafe auch abgesessen werden, der Mann mußte für 20 Tage ins Zuchthaus. Die deutsche Justiz hatte also ihre Mühe, sich auf die veränderten Verhältnisse einzustellen.

Der Schwarzmarkt reagierte wie immer schneller: Er hatte auf die neue Währung umgestellt, sobald die Menschen sie in den Händen hielten. Das Kopfgeld, mit dem die Menschen unsicher durch die Gegend liefen, wollten die Händler gleich an sich nehmen. Doch war der Wert einer amerikanischen Zigarette von zuletzt 100 RM ins Bodenlose abgestürzt: 60 Pfennige konnten die mürrischen Händler noch dafür eintreiben. Vorbei waren die Zeiten des schnellen schwarzen Geldes.

Dabei hatte Volkswagen am 25. Juni gerade den ersten Nachkriegs-VW vorgestellt – für 5300 Deutsche Mark konnte man ihn eine Woche nach Bestellung abholen. Aber einen solchen Betrag mit dem Verkauf von Zigaretten und Schuhcreme auf der Straße zu verdienen, war nicht mehr attraktiv. Dafür wurde auf dem Schwarzmarkt plötzlich mit Geld gehandelt: Die Händler nahmen 100 Reichsmark für eine Deutsche

Mark – wohl in der Hoffnung, sie dann – mit zehnfachem Gewinn – im Verhältnis 1:10 auf Sparkonten einzahlen zu können.

In Bremen griff die Polizei ein, als auch Gastwirtschaften schon am Sonntag die Mahlzeiten nur noch gegen »Deutsche Mark« ausgeben wollten. Das war verboten, denn die neue Währung galt erst ab Montag. Die Beamten staunten bei solchen Einsätzen übrigens nicht schlecht, denn sie fanden in diesen Tagen fast nur Betrunkene vor. Die Deutschen hatten den Wein wiederentdeckt – und wann bestand schon mehr Anlaß, sich einen guten Tropfen zu gönnen, als mit dem neuen Geld in der Tasche?

Und die kommenden Jahre sollten zeigen, daß die Währungsreform keinen kurzfristigen Rausch auslöste. Das Wirtschaftswunder, das den Westdeutschen bis Mitte der 60er Jahre einen ungebrochenen Wirtschaftsaufschwung und einen ständig steigenden Lebensstandard bescherte, war vor allem mit einem Namen verbunden: Ludwig Erhard.

Ludwig Erhard und sein Dienst an der Mark

»Ich habe nichts verändert, ich habe sie aufgehoben.« Fassungslos blicken eine Reihe düsterer Bürokratenaugen auf Ludwig Erhard. Der Mann redet, als hätten ihn plötzlich alle guten Geister verlassen. Am 2. März 1948 war er von den Amerikanern zum Ersten Direktor der Verwaltung für Wirtschaft ernannt worden. Seinen Vorgänger hatten sie aus dem Amt gejagt, denn sie duldeten nicht, daß ihre Hilfszahlungen von ihm als »Hühnerfutter« verspottet wurden. Und nun stand der Neue da und hatte soeben nichts Geringeres getan, als im Alleingang sechs Verordnungen über die Zwangsbewirtschaftung von Haushaltswaren außer Kraft zu setzen. Besorgt lasen ihm seine Mitarbeiter die Militärgesetze vor: Ohne Genehmigung dürfe er das System der Zwangsbewirtschaftung und der Preisbindung keinesfalls verändern. Aber er hatte ja gar nichts verändert, wie er ihnen schlagfertig entgegenhielt …

»Ich dachte mir, jetzt hilf, was helfen mag«, bekannte der mutige Mann später. Aber da war er schon auf der sicheren Seite. Sein Schritt hatte der Wirtschaft geholfen und die Deutsche Mark zu neuem Glanz gebracht. Das Angebot in den Läden wuchs, die Preise fielen. Die Menschen stürzten sich in die Arbeit. Wie einst der Goldrausch im Wilden Westen der USA, so setzte nun der »Markrausch« die Massen in Bewegung. Der lang gehegte Traum, sich endlich wieder etwas leisten zu können, endlich genügend Geld in den eigenen Händen zu haben, wurde zum unaufhaltsamen Motor. Gerade, weil die Entbehrungen so groß gewesen waren, erschien den Menschen die neue Zeit so unfaßbar schön. Die »goldenen Fünfziger« waren wie eine Wiedergeburt nach Hunger, Elend und Not. Und die konsequente Haltung Ludwig Erhards, der auf die freie Marktwirtschaft setzte anstatt auf Planwirtschaft, war die entscheidende Initialzündung für das Wirtschaftswunder.

Neuer Wohlstand: Die D-Mark wird gespart

»Erst kommt das Fressen, dann kommt die Moral«, so sang Mackie Messer in Brechts Dreigroschenoper. Anfang der Fünfziger schien nach dem Fressen gar nichts mehr zu kommen – die »Freßwelle« hatte um sich gegriffen. Wer etwas auf sich hielt, investierte seine D-Mark in die Ausformung eines gepflegten Bauches.

Vorbei waren die Zeiten der sparsamen Hausfrau. Die Teller wurden vollgeladen – mit Schweinebraten, Knödeln und der neuen Tiefkühlpizza. Für Roggenbrot und Kartoffeln gab niemand mehr sein Geld aus, bei ihnen fehlte der Genußfaktor. Vor wenigen Monaten war es noch wie Weihnachten und Ostern zusammen gewesen, wenn ein kleiner Junge einmal einen Kaugummi von einem amerikanischen GI geschenkt bekam – nun gehörten die kauenden Kiefer überall zum guten Ton.

Die Mark erfüllte alte Träume und ließ neue entstehen. Immer eifriger wurden die Bedürfnisse der Menschen gestillt: »Bauknecht weiß, was Frauen wünschen«, ließ eine Firma für Haushaltsgeräte verlauten, und Wüstenrot propagierte auf großen Plakaten: »Wir zahlen keine Miete mehr!«

Für viele war der Messerschmitt-Kabinenroller schon zu klein – sie folgten einer Anzeige von Ford: »Wir haben es geschafft, das neue Auto steht vor der Tür. Alle Nachbarn liegen am Fenster und können sehen, wie wir uns für eine kleine Wochenendfahrt rüsten. Jawohl, wir leisten uns etwas, wir wollen etwas haben vom Leben!«

Aber selbst die Familien, die vom Leben reichlich hatten, machten eine neue Entdeckung: Es war noch Geld in der Kasse, von der hart verdienten Mark war selbst nach all den Anschaffungen eine hübsche Summe übriggeblieben.

Die Kaufkraft wächst

Die Deutschen konnten sich immer mehr leisten von ihrem Geld: Obwohl der Preis für ein Kilo Butter zwischen 1955 und 1985 um fast 50 % stieg – von 675 DM auf 944 DM –, mußte ein Arbeiter Anfang der 90er Jahre nur noch eine halbe Stunde arbeiten, um dieses Kilo Butter zu erwerben. 1948 waren es noch 4 Stunden gewesen. Und es gibt zahlreiche weitere Beispiele dieser Art: So viel Arbeitszeit kosteten in Deutschland (West) …

Produkt	**1948**	**1991**
1 kg Zucker	60 Minuten	6 Minuten
5 kg Kartoffeln	40 Minuten	16 Minuten
1 kg Rindfleisch	160 Minuten	30 Minuten
1 l Vollmilch	20 Minuten	5 Minuten
1 Ei	23 Minuten	0,8 Minuten
1 kg Mischbrot	25 Minuten	15 Minuten

Und die Deutschen konsumierten nicht nur, sie sparten auch. Sparschweine hielten Einzug in die deutschen Stuben, in den Kneipen bildeten sich Sparvereine, Bausparkassen erlebten eine ungeheure Blüte. Sparen als Volkssport, das hätte sich 1945 niemand träumen lassen. Wurden 1950 im Durchschnitt nur 3,2 % des verfügbaren Einkommens auf die hohe Kante gelegt, waren es 1960 bereits 8,6 % und 1975 15,1 %.

Mit dem wachsenden privaten Reichtum ging allerdings eine zunehmende Verarmung des Staates einher. Die Verschuldung der öffentlichen Hand begann Mitte der 70er Jahre, als Konjunkturprogramme zur Bekämpfung der ungewohnten Rezession aufgelegt worden waren, sprunghaft zu steigen und nach der Wiedervereinigung 1990 geradezu davonzugaloppieren. Hier hinterläßt die »D-Mark-Generation« ihren »Euro-Kindern« ein schweres Erbe …

Die Uhr tickt. 1998 waren es pro Sekunde (!) fast zweieinhalbtausend DM, um die die Schuldenlast der öffentlichen Hände zunahm.

Noch eine Deutsche Mark – der Osten zieht nach

Völlig überrumpelt durch die Einführung der D-Mark in den drei Westzonen, sahen sich die Sowjets zunächst gezwungen, in ihrer »Ostzone« im Juni 1948 eine Art Notgeld herauszugeben (s. Kasten »Tapetenmark«), bevor dann im Juli 1948 die ersten neuen Geldscheine in Umlauf gebracht wurden.

Das neue Geld trug zunächst den Namen »Deutsche Mark der Deutschen Notenbank«, ab 1964 hieß es – zur Abgrenzung von der westlichen D-Mark – »Mark der Deutschen Notenbank« und ab 1968 schließlich etwas selbstbewußter »Mark der Deutschen Demokratischen Republik«.

Entsprechend dem niedrigeren Preisniveau gab es – wie im Westen – zunächst auch Geldscheine für Kleinstbeträge: Unterhalb des bis heute vertrauten 5-Mark-Scheines wurden auch Noten zu zwei Mark, zu einer Mark und zu 50 Pfennigen ausgegeben.

Die Münzen der DDR waren aus Aluminium (im Volksmund: »Aluchips« oder auch »Spielgeld«) – wertvollere Metalle sparte die DDR-Notenbank sich für Gedenkmünzen auf, die dann allerdings ausschließlich gegen harte Währung an westliche Sammler verkauft wurden.

Die Tapetenmark

19. bis 23. Juni 1948, in einer großen Halle in der sowjetischen Besatzungszone: An langen Tischen arbeiten Tausende von Menschen hektisch vor sich hin, kaum einer wechselt ein Wort mit seinem Nachbarn. Es wird dunkel, hell und wieder dunkel – Tag und Nacht vergehen im Flug. Ohne Unterlaß bekleben ruhelose Hände Papierstreifen mit kleinen Marken.

Am 23. Juni 1948 erließ die Militärregierung den Befehl Nr. 111: »Ab 24. Juni 1948 sind auf dem gesamten Territorium der sowjetischen Besatzungszone Deutschlands und auf dem Gebiet Groß-Berlins neue Geldscheine einzuführen.« Es gab allerdings ein Problem: Die neuen Geldscheine existierten noch nicht – wo hätte man sie auch auf die Schnelle hernehmen sollen? Aber die Oberen des Ostens waren findig: Kurzerhand verfügten sie, die neuen Scheine seien »Reichsmark und Rentenmark alten Musters mit aufgeklebten Spezialkupons«. Die alten Scheine wurden von den flinken Helferhänden mit Millionen briefmarkengroßer, gezackter Kupons versehen – im Gesamtwert von mehr als 4 Milliarden Mark. Die aufgeklebten Marken trugen keine Währungsbezeichnung, sondern nur den Nennwert des jeweiligen Scheins: 1, 2, 5, 10, 20, 50 und 100. Alte 1000-Mark-Scheine wurden nicht überklebt.

Die Menschen mußten sich mit dem Umtausch beeilen: Nur vom 24. bis 28. Juni wurde das alte Geld entgegengenommen. Es konnte im Verhältnis 1:10 gegen die beklebten Scheine umgetauscht werden. Auch im Osten bekam nun jeder sein Kopfgeld: 70 Mark, und zwar 1:1 gegen altes Geld. Sparguthaben durften bis 100 Mark im Verhältnis 1:1 umgetauscht werden, bis 1000 Mark 1:5 und darüber hinaus 1:10. Die Sparkonten der Militärregierung wurden allerdings vollständig im Verhältnis 1:1 umgestellt – ein unverhofffter Geldsegen für die Offiziere. Wer zu spät kam, hatte Pech, denn der Befehl Nr. 111 verfügte: »Ab 29. Juni 1948 ist der Umtausch von Reichsmark, Rentenmark und Mark der alliierten Militärbehörde überall einzustellen.« Die neue Währung besaß keinen eigenen Namen, so daß die Bevölkerung sie selbst taufen mußte: Wegen der aufgeklebten Papierbilder wurde sie »Tapetenmark« genannt.

AH 9159054
STAATSBANK DER DDR
HUNDERT
MARK
DER
DEUTSCHEN
DEMOKRATISCHEN
REPUBLIK
1975
AH 9159054
100
100
TSBANK DER DDR
ÜNF
MARK
DER
DEUTSCHEN
MOKRATISCHEN
REPUBLIK
1975
TB 937012
5
5
AJ 5166111
STAATSBANK DER DDR
ZEHN
MARK
DER
DEUTSCHEN
DEMOKRATISCHEN
REPUBLIK
10
EE 145133
STAATSBANK DER DDR
ZWANZIG
MARK
DER
DEUTSCHEN
DEMOKRATISCHEN
REPUBLIK
1975
EE 145133
20
FE 1146044
STAATSBANK DER DDR
FÜNFZIG
MARK
DER
DEUTSCHEN
DEMOKRATISCHEN
REPUBLIK
1971
FE 1146044
50
50

Mehrfach im Verlauf der 40 DDR-Jahre wurden die alten Banknoten überraschend gegen neue ausgetauscht – 1957 buchstäblich über Nacht. »Die Umtauschaktion«, so erfuhren die überraschten Bürger erst am selben Tag, »findet heute, Sonntag, den 13. Oktober 1957, von 12 bis 22 Uhr statt.« Wie von Geisterhand hatte man das Land mit den neuen Scheinen überrannt, und bevor sich jemand versah, waren die Umtauschstellen auch schon wieder aufgelöst. Mit dieser »Aktion Blitz« wollte die DDR das Geld, das westliche »Schieber, Spekulanten und Kriegstreiber« gehortet hatten, mit einem Schlag wertlos machen.

Ähnliche Aktionen gab es auch 1964 und letztmals 1973. Sie dienten auch der Reduzierung des Geldumlaufs, denn in der DDR-Mangelwirtschaft gab es stets mehr Geld als Waren.

Die D-Mark als Dollar des Ostens

»Ein Trabant – sofort?« Der brave DDR-Bürger staunte nicht schlecht, als sein Wunsch nach einem Auto plötzlich viel schneller Realität zu werden schien, als er dachte. Für seinen Sohn hatte er schon kurz nach der Geburt ein Modell bestellt – am Ende der üblichen Lieferzeit würde der Kleine seine »Fahrerlaubnis« bald schon haben. Nun hatte ein treusorgender Verwandter aus dem Westen ein paar Tausend Mark für ihn eingezahlt – D-Mark wohlgemerkt –, und von heute auf morgen war der Wagen da.

Möglich machte dieses Wunder die »Genex«, eine Einrichtung der Ostbehörden. Fast alles, was in der DDR kaum oder erst nach langer Wartezeit zu bekommen war, konnte man mit Zahlungen aus dem Westen für seine Lieben im anderen Teil Deutschlands ordern.

Für die DDR gab es nur einen Grund, »Genex« zu betreiben: Der Staat wollte an Westwährung kommen – je mehr, desto besser. Deshalb gab es auch die Intershops, in denen man gute Ware gegen gute Westmark bekam. In diesen staatseigenen Geschäften sollte Westbesuchern ihre Währung wie mit Magneten aus der Tasche gelockt werden. Mußten sie früher bei der Ausreise noch Quittungen präsentieren und über den Verbleib der eingeführten D-Mark ausgiebig Rechenschaft ablegen, so fielen diese Kontrollen später unter den Tisch. Sie hemmten nur den Kaufdrang der Gäste.

Diesem Drang erlagen aber auch die Ostbürger selbst und ließen keine Gelegenheit aus, um an die Westwährung zu kommen. Sie war ihre Eintrittskarte zu Intershop und der Welt des Konsums. Selbst Handwerker ließen sich lieber in harter Währung bezahlen als in Ostmark – um so mehr, wenn sie keine eigenen Verwandten in der Bundesrepublik hatten.

Dafür nahmen sie auch die besondere Bespitzelung auf sich, denn jeder Besitz von Westmark war ein Zeichen von Verrat. 1974 fragte ein Leserbrief in einer kleinen Tageszeitung, warum man die Westmark eigentlich nicht offiziell besitzen dürfe. Die Sensation war perfekt: Es erschien eine kleine unauffällige Antwort des Staates in demselben Blatt und erklärte, gegen einen solchen Besitz sei fortan nichts mehr einzuwenden. Der kleine Zeitungsausschnitt machte schnell die Runde im ganzen Land. Natürlich hatte sich niemand getraut, einen solchen Leserbrief zu schreiben. Die DDR-Oberen hatten ihn selbst verfaßt – als Stilvorlage für eine Anpassung ihrer Regeln an das, was längst Realität war: das Nebeneinander von zwei Währungen in einem Land!

Die DDR-Mark war während der gesamten 40 Jahre eine reine Binnenwährung. Im Ausland galt sie nichts – nicht einmal in den sozialistischen »Bruderländern«.

Die DDR, wie Westdeutsche sie kannten: Das Geld des Klassenfeindes war begehrt, die eigenen Bürger waren Menschen zweiter Klasse.

1989 Freudentränen und Begrüßungsgeld

Sektkorken schießen in die Luft, wildfremde Menschen liegen sich in den Armen, schreien, weinen, singen. Um 23.14 Uhr hatten sich in Berlin die Schlagbäume zwischen Ost und West gehoben. »Gestern nacht war das deutsche Volk das glücklichste Volk auf der Welt«, sagt Walter Momper, der Regierende Bürgermeister von Berlin, am nächsten Morgen in einer bewegenden Rede. Eine friedliche Revolution hatte die DDR-Westgrenze am 9. November nach 28 Jahren zu Fall gebracht.

Zögernd, wie benommen, wankten die Menschen von Ost nach West. Die Nachricht vom Begrüßungsgeld hatte rasend schnell die Runde gemacht. Schon seit 1957 zahlte es die Bundesrepublik jedem, der aus der DDR nach Westen kam, seit dem 26.8.1987 war der Betrag auf 100 Mark pro Kopf und Jahr festgesetzt.

Innerhalb kürzester Zeit bildeten sich in den Tagen nach dem 9. November deshalb riesige Schlangen vor den westlichen Ausgabestellen für das Begrüßungsgeld. Einmal seinen kleinen DDR-Personalausweis ins Panzerglas halten – schon kamen die druckfrischen Scheine über den Schalter.

Die meisten legten das neue Geld gleich an: in Südfrüchten, Schokolade, Kaffee, Zigaretten, Kleidung, Bücher und – Erotikartikeln. Nicht wenige tauschten die D-Mark aber auch in den Wechselstuben am Bahnhof Zoo zu günstigen Kursen gleich in Ostmark ein – so konnte man oft mit einem Schlag seine DDR-Geldprobleme lösen.

Das Postamt im beschaulichen Berliner Ortsteil Nikolassee erlebte in den Tagen nach dem 9. November einen nie gesehenen Andrang. Grund: Die Menschen aus dem nahegelegenen Potsdam holten sich hier ihr Begrüßungsgeld.

1990 Einführung der D-Mark in der DDR

»Für Wartezeiten und mögliche Unannehmlichkeiten bitten wir Sie heute schon um Ihr Verständnis«, schrieb eine DDR-Sparkasse im Juni 1990 in ihren Kundenratschlägen zur Währungsumstellung. Es gab wieder einen Tag X, und tatsächlich gab es auch wieder Warteschlangen – wie schon so oft zuvor in der (Währungs-) Geschichte des deutschen Volkes. Neben Volkspolizisten mit Maschinengewehren standen die Menschen ab dem 11. Juni 1990 an vor den Banken in Dresden, Leipzig, Ostberlin und anderen Orten der DDR.

Sie hatten ihren »Umstellungsantrag« ausgefüllt und warteten auf die D-Mark. Die Währungsunion stellte Löhne, Gehälter, Renten, Mieten und staatliche Leistungen im Verhältnis 1:1 um. Ebenso konnten Spareinlagen bis zu 4000 Mark im Verhältnis 1:1 umgeschrieben werden – alles, was darüber hinaus ging, zum Kurs von 1:2. Wer über 60 war, bekam sogar 6000 Mark in voller Höhe gewechselt. (Westdeutsche konnten Ostgeld hingegen nur im Verhältnis 1:3 eintauschen.)

28 Milliarden D-Mark waren in die Ostbanken geschafft worden, ein Gewicht von 460 Tonnen. Besonders freuten sich nun diejenigen, die ihr Westgeld noch einige Wochen zuvor zum Kurs von 1:10 in Ostmark zurückgetauscht hatten. Sie hatten das Geschäft ihres Lebens gemacht und an den Tricks des Kapitalismus gleich Geschmack gefunden. Wer größere Beträge hatte, schickte eine Handvoll Strohmänner vor, die ihren Freibetrag alleine nicht ausfüllten. Den größten Betrugsfällen wurde später nachgegangen – sie haben astronomische Summen verschlungen.

»Kommt die D-Mark, bleiben wir, kommt sie nicht, geh'n wir zu ihr.« Dieser Schlachtruf aus dem Herbst 1989 hatte gewirkt. Schlange vor einer Leipziger Sparkasse im Juni 1990.

Am 1. Juli 1990 wurde die D-Mark gesetzliches Zahlungsmittel in der DDR, die Mark der DDR hörte auf zu existieren. Schon wieder hatte Ostdeutschland eine Währungsreform erlebt.

50. Geburtstag und Abschied

»Für die meisten Deutschen ist die D-Mark (...) Symbol für 50 Jahre Frieden, 50 Jahre Freiheit und 50 Jahre Stabilität in Wohlstand. Die Einführung der D-Mark verbinden wir mit dem Beginn des Wiederaufbaus unseres Landes aus den Trümmern des Zweiten Weltkriegs.« Nur kurz streift Bundeskanzler Helmut Kohl in seiner Regierungserklärung vom 2. April 1998 die Vergangenheit der Deutschen Mark. Vor allem ging es um die Zukunft – eine Zukunft, in der die Deutsche Mark nicht mehr vorkommen wird.

Am 50. Geburtstag der D-Mark dachte fast jeder nur an ihren nahen Tod. Ihre Sterbeglöcklein hatten bereits angefangen zu läuten. In der Frankfurter Paulskirche fand am 20. Juni um 11.00 Uhr ein Festakt der Bundesbank statt. Getragene Musik, ernste Reden.

Nur wenige Tage später und wenige Straßen weiter wurde die Europäische Zentralbank ins Leben gerufen – für sie ist die Deutsche Mark schon jetzt Geschichte.

»Auf Clara Schumann, Annette von Droste-Hülshoff, Paul Ehrlich und die Gebrüder Grimm wartet der Reißwolf«, vermeldet die

Deutsche Presse-Agentur. Banknoten im Wert von 260 Milliarden Mark und 100 000 Tonnen Münzgeld warten auf ihre Vernichtung. Die Mark- und Pfennigstücke werden eingeschmolzen und die Scheine geschreddert werden – jeder Schein in bis zu 800 winzige Papierstreifen. Schon jetzt überlegt die Deutsche Bundesbank, was sie mit den unzähligen Müllsäcken anfangen soll: Man könnte Häuser mit den Schnipseln isolieren oder D-Mark-Konfetti verkaufen. Vielleicht wird das neue Deutschlandsouvenir ein erfolgreicher Exportschlager, wie einst die Stücke aus der Berliner Mauer. Die D-Mark hat es verdient, nicht ganz in Vergessenheit zu geraten. Sie hat Geschichte geschrieben – und zwar ein glückliches Kapitel deutscher Geschichte.

Bildnachweis

Seiten 2, 9, 11, 13, 15, 17, 21, 23, 27, 29, 31, 75: AKG Berlin
Seite 19: Fotothek Mai, Leipzig
Seite 67: dpa-Bilderdienste
Seite 73: Bildarchiv Günter Schneider, Berlin
Seiten 77, 81: Fotostudio Gerhard Gäbler, Leipzig
Alle Voll- und Teil-Abbildungen von Geldscheinen und Münzen mit freundlicher Genehmigung der Deutschen Bundesbank.

DEUTSCHE
MARK
1986